AF253602

RÉFLEXIONS

SUR

L'ALGÉRIE,

PAR

J. LAINNÉ,

AVOCAT A LA COUR ROYALE DE PARIS.

PARIS,

IMPRIMERIE DE E.-B. DELANCHY,

FAUBOURG MONTMARTRE, 11.

Juin 1847.

RÉFLEXIONS

SUR

L'ALGÉRIE.

Ŀtat actuel de la question.

NÉCESSITÉ DE LA COLONISATION.

La question de l'Algérie, si complexe d'abord, si chargée de difficultés de toute nature, se débrouille et s'éclaircit peu à peu. — De grands résultats sont obtenus, de plus grands se préparent : la conquête s'achève et se consolide, et la colonisation, qui la fécondera, est en train de se fonder.

La situation, comme on le voit, s'est tout-à-fait modifiée.

Dans les premiers temps, on voulait surtout conquérir, dominer le pays. L'occupation militaire, la soumission générale de l'Algérie étaient le but ; la guerre, avec son cortége d'expéditions et de combats, fut le moyen. Ce fut là une préoccupation exclusive, et tout ce qui ne paraissait pas s'y rattacher immédiatement fut presque toujours négligé : — ainsi, pour ce qui regarde la colonisation, il n'y eut, chez l'autorité, que des vues étroites, mal arrêtées, souvent contradictoires ; les essais successivement tentés furent stériles ou malheureux, et au total rien de sérieux ni de définitif ne fut établi.

Mais, à mesure que la conquête s'étendait, et que les questions purement militaires perdaient de leur importance, celles qui avaient trait à l'organisation, à la bonne administration de la colonie, devenaient chaque jour plus considérables et plus nombreuses. Les circonstances étaient d'ailleurs de plus en plus favorables : sans parler du maintien de la paix générale, qui permettait à l'attention publique de se fixer sur l'acquisition nouvelle, deux résultats de premier ordre étaient atteints ; — la France était fermement décidée à garder l'Algérie, et, sur ce point, les funestes hésitations du gouvernement avaient pour jamais disparu ; — les limites de la colonie, ces limites insaisissables qui reculaient à chaque expédition, avaient été reconnues et touchées, et l'on ne courait plus le risque de s'affaiblir en s'étendant outre mesure. Il s'agissait dès-lors par-dessus toute chose de se consolider et de se maintenir : la souveraineté de la France, imposée en courant, n'existant souvent que de nom, devait tendre surtout à se faire accepter des indigènes, à s'enraciner profondément dans le sol.

Pour atteindre ce but, qui a bien aussi ses difficultés et sa gloire, pour mettre par là l'Algérie à même d'accomplir ses destinées, le moyen nécessaire, essentiel, sur lequel on est généralement d'accord, c'est la *colonisation*, c'est l'établissement fixe et régulier, non pas seulement d'une armée

plus ou moins forte, plus ou moins habilement répartie,
pesant plus ou moins sur le pays, mais surtout d'une population agricole, de race européenne, bien distribuée sur le
sol, et fortement organisée. Ainsi implantée dans la terre,
la domination française pénètrera à la longue dans les ha-
bitudes; la pensée d'une insurrection sera découragée
d'avance, et les points de contact entre les deux races ve-
nant à se multiplier, une réconciliation, aujourd'hui bien
difficile, finira par devenir possible.

Application

SIMULTANÉE DES DIVERS SYSTÈMES.

Le principe de la colonisation de l'Algérie une fois franchement adopté, reste à en déduire les conséquences, à s'entendre sur le mode d'application.

Ici les systèmes se produisent en foule. Absolus, intolérants dans l'origine, ils ont dû, par suite de leur impuissance même, se résigner à des transactions, à des concessions réciproques ; et comme en définitive aucun d'eux n'a obtenu un plein succès, l'opinion, qu'ont fatiguée d'interminables discussions, a fini par réclamer la mise à l'étude et l'expérimentation simultanée des théories principales.

Une telle expérience a surtout besoin d'être conduite avec l'impartialité et la bonne foi la plus entière ; il faut encore qu'elle soit suffisamment prolongée. A ces deux conditions, elle promet d'être décisive, de fixer l'opinion sur la valeur comparative des divers systèmes, et de déterminer le choix à faire, soit qu'on veuille étendre à toute l'Algérie un plan de colonisation uniforme, soit qu'on préfère adopter des modes spéciaux d'application pour les diverses parties de la conquête.

Armée d'Afrique.

L'armée a été jusqu'ici et sera long-temps encore en Algérie l'instrument sans lequel rien n'est possible. Elle a été presque tout à l'origine, lorsque la population civile était relativement insignifiante; maintenant que celle-ci s'est considérablement développée, elle n'est plus qu'un auxiliaire, mais cet auxiliaire est indispensable.

Réduction

On a demandé la réduction de l'armée d'Afrique en invoquant des motifs divers, comme la possibilité d'une guerre en Europe, l'urgence des économies, etc., etc. Il est certain qu'avec le temps l'armée, devenant de moins en moins nécessaire, pourra et devra être réduite. Mais il est également certain qu'en présence de populations décidément ou sourdement hostiles, et lorsque la colonisation ne fait que de naître, la réduction ne peut s'opérer que graduellement et avec les plus grandes précautions.

D'ailleurs, si, comme on l'a dit souvent, l'armée d'Afrique coûte cher, c'est là une de ces dépenses fécondes qui portent avec elles leur dédommagement. Par sa présence, par la protection qu'elle étend partout, l'armée hâte le développement de la colonisation ; celle-ci, de son côté, augmente le revenu annuel de la colonie ; ce revenu, insignifiant dans l'origine, mais chaque jour plus important, arrivera à solder la dépense, donnera même plus tard un excédant ; et, en définitive, en maintenant l'armée sur un pied respectable, on n'aura fait que hâter l'époque où la colonie cessera d'être onéreuse.

Au surplus, dans des entreprises de cette grandeur, les considérations financières ne doivent occuper que le second rang : il faut tenir compte, avant tout, des avantages de toute nature que l'Algérie promet à la France ; et, en ce qui concerne particulièrement l'armée, il faut reconnaître qu'elle a été pour elle une excellente école de courage, de discipline, de patience, de fermeté d'âme, en un mot, de toutes les qualités qui font les soldats invincibles.

Esprit de l'armée. — Dangers à éviter.

Si la question de réduction a son importance, il y en a une autre qui la domine beaucoup, c'est celle relative à ce qu'on peut appeler le moral de l'armée, à ses tendances, à son esprit.

Quel doit être cet esprit ? Quels dangers peut-il courir ? — Quel a-t-il été d'abord ? Qu'est-il maintenant ? — Voilà ce qu'il est bon d'examiner.

Si, avec les circonstances, l'armée a vu son rôle se modifier en Algérie, si à l'avenir ses tendances ne doivent plus être exclusivement belliqueuses, il importe néanmoins qu'elle conserve toujours intact l'esprit de subordination et de désintéressement qu'elle a reçu de ses devanciers, et grâce auquel tant de difficultés, en apparence insurmontables, se sont trouvées aplanies.

Cet esprit, sans lequel rien de solide ne se fonderait, est exposé à diverses atteintes qu'il peut être bon de signaler ici.

D'abord, il y a quelque péril dans la composition même de l'armée, dans la manière dont elle se recrute. A côté de la masse, obéissante et disciplinée, il se rencontre une minorité turbulente d'hommes jetés en Afrique par la conséquence de leurs excès, ou par la juste sollicitude des familles et des chefs de corps : pour dompter, pour soumettre à la règle ces organisations violentes et rebelles, il faut une vigilance, une fermeté de tous les instants, sans quoi le désordre ne tarderait pas à pénétrer dans les rangs de l'armée et à y produire les plus fâcheux effets.

Un autre danger tient à la nature même de la guerre qui se fait en Algérie. Ce n'est pas là, comme en Europe, entre deux armées que s'agite la querelle ; on a contre soi tout un peuple. Ce peuple, encore dans la barbarie, ne connaît pas, ne pratique pas les adoucissements apportés chez les nations européennes aux rigueurs de la guerre ; il encourt ainsi de terribles représailles, et celles-ci frappent parfois des populations entières, sans distinction d'âge ni de sexe. N'est-il pas à craindre que dans ces luttes acharnées, où l'on veut à la fois battre et ruiner l'ennemi, le soldat ne s'endurcisse à l'excès et ne finisse par devenir avide et impitoyable ? C'est aux chefs, à cet égard, à combattre les mauvais penchants, à modérer les colères, à adoucir, dans la limite possible, les mesures de rigueur, à s'opposer enfin avec énergie à des excès dont la répétition finirait par ternir l'honneur du drapeau.

Il pourrait encore arriver que, dans les grades élevés surtout, l'ardeur, le zèle dégénérassent en une ambition immodérée et toute personnelle. L'envie de se distinguer, le désir et l'espoir de l'avancement, sentiments si légitimes en eux-mêmes, si utiles pour entretenir dans tous les rangs de l'armée une salutaire émulation, courraient risque, s'ils étaient exagérés, de devenir la source de grands abus. On verrait entreprendre sans nécessité des expéditions souvent intempestives, quelquefois funestes, ou fertiles seulement en bulletins et en citations ; les moindres résultats seraient prônés, de fâcheuses illusions se formeraient sur les hommes et sur les choses, et, ce qu'on doit éviter par dessus tout, l'armée pourrait s'habituer à la longue à ne plus obéir qu'à des préoccupations intéressées et égoïstes.

Il pourrait se faire aussi, et ce serait un grand mal, que l'armée essayât de sortir de sa sphère et tentât d'usurper des attributions qui ne seraient pas les siennes. Se voyant en France, depuis la paix surtout, un peu perdue, un peu effacée dans le reste de la population, elle pourrait chercher à prendre une sorte de revanche dans un pays neuf, où la population européenne, encore peu considérable, est d'ailleurs sans grande consistance ; et comme jusqu'ici elle a tout fait, ou à peu près, il pourrait lui prendre envie d'empiéter sur l'autorité civile et de s'attribuer le gouvernement et la direction de sa conquête.—Souhaitons qu'elle ait la sagesse de résister à de pareils entraînements ; qu'en Algérie, comme en France, elle sache comprendre sa mission spéciale, son véritable rôle dans la société nouvelle, et qu'elle ne tente jamais d'en sortir.

Dévoûment des premiers temps.

Pour savoir quel a été, dans les premiers temps de l'occupation, l'esprit de l'armée d'Afrique, il faut se reporter à une époque, à des circonstances déjà bien éloignées de nous.

L'armée se trouvait jetée au milieu d'un pays inconnu, sans secours, sans ressources, ayant en tête des peuplades fanatiques et guerrières. — En France, le gouvernement, absorbé, au lendemain d'une révolution, par une lutte de tous les jours contre les partis, oubliait l'Algérie ou n'y voyait qu'un embarras, et laissait les évènements se développer en dehors de son intervention.

Tout se trouvait ainsi compromis, tout pouvait être perdu, et néanmoins tout fut sauvé. Il y eut de cela deux raisons : — En premier lieu, l'admirable instinct de l'opinion, qui sentit tout d'abord le prix de la nouvelle conquête et sut, par sa persistance énergique, venir à bout de tous les mauvais vouloirs, de toutes les velléités de négligence ou d'abandon ; — ensuite, le dévoûment de l'armée qui s'obstina sur sa belle acquisition, et parvint à suppléer à tout, à réparer toutes les fautes, à force de patriotisme et de constance.

Le résultat s'est à la fin trouvé grand, mais il a coûté cher : des milliers de soldats ont péri, victimes des combats, des surprises meurtrières, des privations, des maladies, du découragement ; — leur mort a légué une possession de plus à leur pays, et la France, qui n'a pas su les douleurs, a néanmoins profité du résultat ; c'est pour elle une raison de plus, une obligation d'honneur de se fixer irrévocablement sur ce sol désormais sacré pour elle, sur cette terre fécondée par le sang d'un si grand nombre de ses enfants.

Exigences actuelles.

Maintenant les choses ont marché : grâce, il faut le répéter sans cesse, au dévoûment des premières années, de grands pas ont été faits et se font tous les jours. Le genre de guerre est désormais connu ; des hôpitaux, des magasins, des casernes, ont été établis en grand nombre ; l'expérience s'est faite pour tout le monde. — Le gouvernement lui-même est sorti de son inaction ; divers projets ont été mis à l'étude, divers essais de colonisation ont eu lieu. — Eh bien ! malgré ces améliorations de toute nature, peut-on dire que l'esprit de l'armée soit toujours celui des premiers temps ? Si le courage n'a pas un instant cessé d'être égal, le dévoûment est-il demeuré aussi entier, aussi pur ? N'insistons pas à cet égard et reconnaissons que s'il y a eu changement, si l'abnégation n'est plus

la même, si des prétentions excessives se sont élevées, c'est
un mal, très-grand sans doute, mais dont la responsabilité
doit retomber surtout à la charge du gouvernement : c'est
lui qui, par sa négligence, par ses tergiversations, par sa
faiblesse, a encouragé l'armée, désormais éclairée par le
passé, à sortir de son rôle, à faire ses conditions : il devra
lutter tôt ou tard contre des difficultés qu'il se sera pré-
parées lui-même ; mais il ne leur échappera que le jour
où il se décidera à gouverner, dans toute la force de l'ex-
pression, la nouvelle colonie, où il saura prouver à tout le
monde qu'il en comprend et veut en utiliser les ressources,
et que, pour atteindre ce but, il se sent la puissance et la
volonté de renfermer les divers corps dans la sphère qui
leur est propre.

Ministère spécial.

L'idée d'un ministère spécial pour les colonies, et particulièrement pour l'Algérie, est en elle-même bonne et utile. Il y aurait un incontestable avantage à ce que, dans les conseils même du gouvernement, il se trouvât un représentant spécial des intérêts variés et de plus en plus considérables qui se rattachent à la nouvelle possession de la France.

On sait que, dans la distribution actuelle des pouvoirs, l'Algérie et tout ce qui la concerne sont restés jusqu'ici une dépendance, une simple annexe d'un ministère déjà surchargé d'attributions.

Cette combinaison, qui a eu de très-fâcheux résultats, était cependant concevable tant que l'affaire principale était la conquête et la guerre : elle n'aurait plus de raison d'être du jour où le développement pacifique par la colonisation tendrait à devenir le fond de la politique.

Un fait bien constaté, c'est que les rapports de la France avec l'Algérie se multiplient chaque jour. Récemment encore, le gouvernement a été contraint, par la force même des choses, d'augmenter le nombre des bureaux, de créer même une direction spéciale pour l'Algérie ; mais la progression ne s'est point arrêtée , et on peut prévoir le moment où une nouvelle augmentation deviendra nécessaire. Ne serait-il pas , dès lors, plus simple, plus rationnel, plus commode pour l'expédition des affaires, de créer un ministère spécial?

Objections et réponses.

On fait des objections de diverses sortes. — Signalons d'abord , pour mémoire , l'opposition de ceux qui , s'obstinant à ne voir dans l'Algérie qu'un obstacle , ou tout au plus une *petite affaire*, rejettent naturellement toute idée d'un département spécial ; les arguments qu'on a fait valoir dans cette opinion ont été mille fois réfutés , mais il y a des incrédules qu'il faut renoncer à convertir.

Dans un ordre d'idées plus élevé , l'objection porte , non plus sur le principe , mais sur la question d'opportunité. C'est, dit-on , chose très-grave pour l'ensemble de la politique générale que la création d'un nouveau ministère : il faut se garder de devancer le temps ; il faut laisser les questions mûrir et attendre que leur solution s'impose d'elle-même par l'irrésistible évidence de la nécessité d'un changement. — Il s'agit ici , comme on le voit, d'une appréciation de fait ; il s'agit de savoir si le moment d'une modification est ou non venu : à cet égard, l'importance toujours croissante de l'Algérie se chargera de répondre.

Il y a d'ailleurs sur cette question , et depuis 1830 seulement, deux précédents d'une grande autorité. Le commerce, les travaux publics ont été successivement détachés des départements dont ils relevaient ; ils ont, et très-justement, en raison de leur importance de plus en plus grande, obtenu chacun un ministère spécial. On ne voit pas dès-lors pourquoi la même extension serait refusée à l'Algérie, lorsqu'il existe pour elle un motif pareil.

D'autres objections sont encore faites et sont surtout tirées de difficultés de détail et d'application. — Ainsi, pour ne prendre que les points principaux, on demande si l'on aurait en Afrique un gouverneur civil ou un gouverneur militaire, ou tous les deux à la fois ; — si l'armée dépendrait du ministre de la guerre ou du ministre spécial ; — quelles seraient les attributions des diverses autorités, et comment on pourrait éviter les tiraillements, les luttes d'influence ?

Ce sont là sans doute des questions délicates, mais elles ne sont rien moins qu'insolubles. On se préoccupe du danger des prétentions exclusives, des rivalités inconciliables, on semble craindre d'introduire l'anarchie dans les pouvoirs ; mais ce sont là des difficultés réellement secondaires, et qui ne tarderaient pas à disparaître le jour où le siége de l'autorité, d'une autorité énergique et sérieusement responsable, serait fixé au centre même du gouvernement.

Choix des Agents de l'autorité.

Le choix des agents de l'autorité en Algérie est une mesure de la plus grande importance; c'est ce qui malheureusement ne paraît pas avoir été suffisamment compris.

On a envoyé en Afrique des administrateurs auxquels on n'a imposé aucune épreuve, ni demandé aucune garantie. Qu'en est-il résulté? C'est que, dans les circonstances graves, ils se sont généralement trouvés fort au-dessous de la situation.

Une grande faute a donc été commise, car il était bien évident que des fonctions administratives seraient particulièrement difficiles à remplir dans un pays où rien n'était fait, où la tradition de gouvernement n'existait pas, où toute une organisation était à fonder au milieu de complications sans cesse renaissantes.

Par suite des mauvais choix, il est arrivé que l'administration supérieure, laissée dans l'ignorance ou mal renseignée par ses subordonnés, n'a pas su prendre les mesures nécessaires, a tâtonné, s'est fréquemment contredite, en un mot a totalement manqué d'initiative, ce qui a produit les résultats les plus funestes.

Un autre inconvénient, c'est que l'armée, voyant sa conquête mal administrée, a voulu gouverner à son tour, et a pu trouver un prétexte et une regrettable facilité pour ses empiètements dans la complaisante faiblesse des administrateurs, fort satisfaits de pouvoir mettre, en s'effaçant, leur responsabilité à couvert.

Les fautes ne seront réparées, les choses ne rentreront dans l'ordre que du jour où le gouvernement se sera fait une règle de n'envoyer en Algérie que des agents zélés et capables.

Abd-el-Kader.

Abd-el-Kader a eu jusqu'ici cette fortune que, seul de tous les chefs qui ont successivement lutté contre nous, il a réussi à se maintenir.

Il faut ne jamais perdre de vue qu'avec lui il n'y a pas de composition possible. Il est, pour les indigènes, le défenseur et le symbole vivant de la religion et de la nationalité; tant que son drapeau sera debout, la domination de la France ne sera pas définitivement assurée. — Si le cercle de son action a été depuis quelque temps singulièrement restreint, il est loin d'avoir perdu toute influence, et l'on ne devra cesser la surveillance et la lutte que lorsque son autorité se trouvera complètement détruite.

Services qu'il a rendus.

Reconnaissons toutefois que cet homme, tout en ayant fait du mal à la France, n'a pas laissé à certains égards que de lui être utile.

Ainsi, par son étonnante activité, il a obligé tout le monde à la vigilance. Sans l'expérience répétée de ses coups de main, de ses apparitions subites et imprévues, on aurait pu s'endormir, plus souvent qu'on ne l'a fait,

dans une funeste sécurité, et l'on aurait été brusque-
ment réveillé par des insurrections violentes, sans raisons
apparentes, sans chefs visibles, et d'autant plus difficiles
à déjouer.

En second lieu, on a dû rendre justice aux indigènes,
quand on a vu de quoi ils étaient capables sous une direction énergique et persévérante. Les deux races, mêlées
par la guerre, ont été amenées à s'apprécier ; les vain-
queurs ont été préservés, fort heureusement, du danger
de trop mépriser les vaincus, et ils ont échappé à la fatale
tentation d'en finir, une fois pour toutes, par l'extermi-
nation des indigènes.

Mais le plus grand service qu'Abd-el-Kader ait rendu à
la France, c'est d'avoir montré, par son exemple, de quelle
manière la guerre devait être entendue et conduite en Algérie, et d'avoir révélé lui-même le secret de sa longue
résistance et les moyens d'en venir à bout. En effet, ce n'est
pas sur des ressources matérielles qu'il s'est principale-
ment appuyé ; ces ressources lui ont totalement manqué,
ou tout au plus les a-t-il eues fort insuffisantes : son grand
talent, sa grande force, ça été d'employer surtout des
moyens moraux. C'est au nom d'une idée, c'est pour le
maintien de la religion et de l'indépendance de son pays,
qu'il a réussi à faire accepter aux indigènes les plus durs
sacrifices ; c'est par leur patience, par leur dévoûment
éprouvés qu'il s'est successivement relevé de ses échecs ;
et lui-même a apporté à la préparation et à l'accomplisse-
ment de ses desseins, une intelligence, une ténacité, un

esprit de suite qui ont dû commander l'estime. Que ce soit
là pour la France une utile leçon : au principe d'Abd-el-
Kader, à l'idée de la nationalité arabe, qu'elle oppose une
idée, un principe supérieur, celui de la civilisation et du
progrès général; qu'elle ait, autant et à meilleur droit que
ce barbare, foi dans la bonté de sa cause ; qu'elle entre-
prenne fermement de la faire triompher, et elle finira
bien par avoir raison d'Abd-el-Kader et de tous ceux qui
pourraient être tentés de suivre son exemple.

Il faut aimer l'Algérie.

Terminons ces observations par une remarque essentielle : — la France ne réussira pleinement en Algérie qu'à condition de se prendre, pour sa possession nouvelle, d'une affection véritable et d'un sincère attachement.

Si la sympathie, si le dévoûment ont la plus féconde influence dans le monde moral, dont ils sont l'âme même, ces sentiments n'ont pas de moins heureux résultats dans l'ordre politique. Là aussi, grâce à leur salutaire puissance, le bien se fait et se propage, les questions se simplifient, et, si les difficultés ne disparaissent pas entièrement, elles sont abordées dans un esprit d'équité et de douceur qui en facilite la solution.

A mesure qu'on apprendra en France à connaître, à aimer davantage l'Algérie, le profit, l'utilité réciproque iront croissant pour les deux peuples. La France initiera l'Afrique à une vie nouvelle et plus parfaite, et, en retour, elle verra s'ouvrir à son activité et à ses idées un débouché nouveau, un nouvel et vaste horizon. — Elle n'est pas d'ailleurs tout-à-fait sans obligations à sa colonie : plus d'une fois, dans ses mauvais jours, dans ses jours de défaillance et d'affaissement, elle en a reçu des nouvelles qui lui ont apporté des dédommagements et une véritable consolation.

Pour conclure, la pensée qui, dans cette question de l'Algérie, doit tout résumer, tout dominer, c'est la nécessité pour la France de s'attacher de cœur à sa nouvelle conquête; de l'aimer franchement, pour le bien et dans l'intérêt commun. Ainsi s'aplaniront bien des obstacles ; ainsi pourra être recueilli enfin le prix de tant de sacrifices et d'efforts.

www.ingramcontent.com/pod-product-compliance
Lightning Source LLC
Chambersburg PA
CBHW051429060726
47596CB00006B/2429